POLITIQUE REVISIONNISTE

DISCOURS

PRONONCÉ A LA RÉUNION PUBLIQUE

de BASSAC (Charente)

LE 15 AOUT 1883

PAR M.

E. PASCAL

Ancien Conseiller d'État
Ancien Préfet de la Gironde.

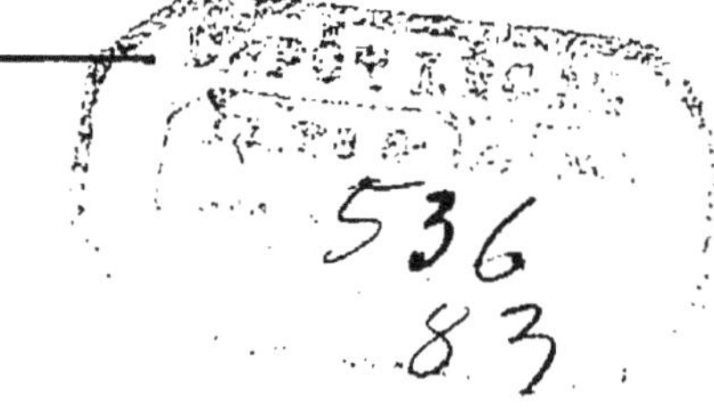

ANGOULÊME

x bureaux du
re Universel.

PARIS

CHEZ TOUS LES LIBRAIRES.

POLITIQUE REVISIONNISTE

—

DISCOURS

PRONONCÉ PAR

M. E. PASCAL

Ancien Conseiller d'État
Ancien Préfet de la Gironde.

———

MESSIEURS,

J'avais pensé, en venant prendre ma part de cette fête
que vous célébrez cette année avec un empressement et un
éclat inusités (1), voulant ainsi resserrer plus étroitement
encore les liens qui vous unissent à notre sympathique et
vaillant député de Cognac et vous associer aux joies de
son foyer domestique (2), comme vous vous associez à ses

(1) On sait qu'avant la loi du 30 juin 1881 les réunions publiques ne
pouvaient avoir lieu que dans des locaux clos et couverts.
A Bassac, pour la première fois en France, la réunion du 15 août a
été tenue en plein air dans une immense prairie où se pressaient plus
de douze mille auditeurs.
C'est dans ce véritable *meeting*, présidé par M. Cuneo d'Ornano,
député de Cognac, que le discours suivant a été prononcé par M. E.
Pascal.
(2) M. Cuneo d'Ornano avait en effet choisi ce jour pour faire baptiser
son fils, dont le Prince Napoléon avait bien voulu être le parrain.

luttes et à ses travaux, j'avais pensé que le sujet de ce discours m'était naturellement imposé par cet anniversaire. L'heure était propice, pour opposer les grands souvenirs que le 15 août réveille aux abaissements que la république parlementaire nous inflige et aux ruines qu'elle accumule autour de nous. (Très bien ! très bien !)

Il m'a suffi de m'entretenir avec quelques-uns d'entre vous, pour reconnaître que nous pouvions faire de notre temps un emploi plus utile. Vous êtes, en effet, des vaillants et des militants à qui les stériles apologies du passé ne sauraient suffire. Votre fidélité, Dieu merci, est de celles qui n'ont besoin ni d'être encouragées ni d'être raffermies. Ce qui vous préoccupe avant tout, — et vous avez raison de vous en préoccuper, — c'est de savoir comment on peut, à l'heure où nous sommes, défendre utilement cette grande cause de la souveraineté du peuple dont vous n'avez jamais déserté le drapeau. (Applaudissements.)

Je vous remercie de m'avoir, en m'interrogeant ce matin, inspiré la pensée de donner à cet entretien une direction plus pratique. Je vous demanderai seulement de m'accorder une entière liberté de langage et de m'assurer votre indulgence pour les hasards ou les témérités d'une improvisation à laquelle je me vois condamné. (Très bien !)

Après tout, vous avez raison ; — il est bon de s'expliquer franchement, définitivement, sur la politique que nous conseillons et que nous pratiquons, sur cette politique qui n'est en réalité que la politique traditionnelle des Napoléons. Il est bon que cette explication ait lieu ici, à Bassac, au cœur même de la Charente, et devant ces populations dont on ne contestera assurément ni l'intelligence, ni la droiture, ni la fidélité (Applaudissements) ; il est bon que vous vous érigiez pour ainsi dire en tribunal et que nous puissions citer à votre barre tous ceux qui ont essayé de souffler la discorde et qui, ne se consolant pas de voir le parti reconstitué autour de son Chef, (Très bien ! très bien !) essaient, avec une obstination que je craindrais de calomnier si j'indiquais ceux à qui elle profite, (Très bien !) essaient de nous opposer une politique louche dont l'effet certain serait de nous isoler de l'opinion publique et de nous discréditer aux yeux du suffrage universel. (Applaudissements prolongés.)

Nous allons donc, si vous le voulez bien, examiner ensemble ce que peut être, ce que doit être, en ce moment, la conduite du parti bonapartiste, de ce grand parti qui, après s'être associé, à la suite de transactions sur lesquelles il est inutile de revenir, à la coalition monarchique, a reconquis son indépendance et entend en user pour rendre la démocratie à elle-même, et pour la délivrer, par le jeu régulier de la souveraineté nationale, des incapables qui l'exploitent, qui la ruinent et qui la déshonorent. (Applaudissements prolongés.)

Mais, Messieurs, on ne peut pas discuter une question de conduite sans la rattacher aux principes mêmes que cette conduite a pour but de faire prévaloir.

Permettez-moi donc de remonter aux principes qui sont la force et l'honneur de la cause que nous servons. J'ai peut-être quelque qualité pour les exposer. D'Ornano vous le rappelait tout à l'heure, — et je l'en remercie, — je suis un bonapartiste du lendemain, — j'entends du lendemain de la défaite. (Très bien ! très bien !) Je suis venu vers vous, c'est-à-dire vers le régime plébiscitaire, à l'heure où les avortements de l'assemblée royaliste poussèrent la plupart de mes amis vers la république parlementaire : je suis venu vers vous sous l'influence de cette double conviction, confirmée par l'expérience que donne l'exercice du pouvoir à ceux qui ne mettent rien au-dessus des intérêts de leur pays, (Très bien! très bien!) d'une part, la nécessité d'accepter sincèrement, sans arrière-pensée, notre démocratie, telle qu'elle est, avec ses qualités et ses défauts, avec ses grandeurs et ses défaillances, et d'autre part, l'impossibilité de constituer le pouvoir, dans cette démocratie, sous une autre forme que celle à laquelle le nom de Napoléon reste indissolublement attaché. (Très bien!)

Le chemin que j'ai parcouru est celui que suivront après moi, — j'en ai l'inébranlable conviction, — tous les esprits sincères qui voudront étudier sans parti pris les besoins de ce grand pays.

J'aime à m'arrêter quelques instants sur cette démonstration, car elle va droit à ceux qui ne veulent voir dans le régime napoléonien qu'un expédient glorieux qui n'a laissé après lui qu'un souvenir et une légende.

Non, Messieurs, la légende n'a rien à faire ici et il n'est pas besoin d'appeler à son aide le sentiment et l'imagination pour acquérir la conviction que ce nom magique de Napoléon représente une forme particulière et déterminée de la démocratie, et que cette forme s'impose à notre temps par ce double caractère que le plus éloquent de nos adversaires, M. Guizot, définissait ainsi : « Le parti bonapartiste représente une garantie révolutionnaire et un principe d'autorité. »

Et c'est en effet parce qu'il m'a été démontré que ce pays ne pouvait vivre, prospérer, progresser que sous l'impulsion d'un pouvoir démocratique fortement constitué, c'est parce que j'ai reconnu que ce pays ne ferait à la constitution de ce pouvoir le sacrifice d'aucun des droits qu'il a conquis au prix de luttes héroïques et sur lesquels il ne consentira jamais à transiger; c'est pour cela que je suis devenu bonapartiste, — bonapartiste de réflexion, d'expérience et de raison. (Applaudissements.)

C'est à ce titre, c'est au nom de mon expérience personnelle, que je me permets de recommander à nos amis, et particulièrement à notre presse départementale, si vaillante, si dévouée, à laquelle je suis heureux d'adresser d'ici l'expression de mes sympathies, à cette presse dont nous devrions nous préoccuper davantage, car elle doit prendre tous les jours une importance nouvelle, — c'est à ce titre que je me permets de recommander ce que j'appelle la méthode démonstrative. Je la préfère à toute autre, car elle a cet avantage de conserver à la discussion cette courtoisie, cette modération, ce respect de l'opinion d'autrui, sans lesquels il n'y a pas de propagande efficace, et qui répond si bien aux communes anxiétés de notre temps. (Approbation).

Gardons-nous d'oublier, Messieurs, que douze générations sont nées à la vie publique depuis 1870, que ces générations n'ont connu ni les sécurités, ni les prospérités, ni les progrès du second Empire, qu'elles n'ont pris aucune part à son renversement, et que lorsqu'on essaie de les émouvoir ou de les entraîner par ces invectives passionnées, par ces récriminations injurieuses qui sont devenues d'un usage courant dans une certaine presse, on leur parle un langage qu'elles ne comprennent pas et dont la brutalité leur inspire une répugnance invincible. (Très bien ! très bien !)

Croyez-moi, il est temps de s'adresser au patriotisme, au bon sens et à la raison. Je sais bien qu'en parlant ainsi on déplaît aux sectaires, — mais l'hostilité des sectaires nous honore et nous fortifie, — ce qui importe, Messieurs, c'est de faire des recrues. (Longues et bruyantes approbations.) Voulez-vous que nous y travaillions ensemble aujourd'hui?—c'est ma façon à moi de fêter le 15 août! (Triple salve d'applaudissements.)

J'estime, Messieurs, qu'il doit suffire d'un peu de bon sens et de discernement pour reconnaître que la situation actuelle ne peut pas se prolonger sans compromettre les intérêts et l'avenir de ce pays ; qui donc oserait nier aujourd'hui le travail de décomposition progressive qui attaque toutes les parties vives de notre organisme social. Lisez la presse républicaine, assistez aux débats de la Chambre, écoutez les conversations des salons et les bruits de la rue, partout vous constaterez l'unanimité de ce sentiment. On peut varier sur la nature du mal, sur son origine, sur le remède à y apporter, mais tout le monde s'accorde à reconnaître la gravité du péril et la nécessité de s'en préoccuper sans perdre un jour. Je ne sais rien, pour mon compte, de plus instructif que le langage de nos ministres, dont l'humilité me confond. Avez-vous remarqué que tous les projets du gouvernement sont présentés comme un moindre mal auquel il est sage de se résigner ? Ah ! que nous sommes loin de l'outrecuidance des premiers jours ! Qu'il s'agisse d'une loi de finances ou d'une réforme, — des conventions avec les grandes Compagnies ou de l'élimination judiciaire, c'est toujours le même thème : « Nous ne pouvons pas faire mieux en ce moment, mais le pire serait de nous renverser et de nous remplacer par des hommes qui ne feraient pas autrement que nous. » Et cette majorité ignorante et servile qui ne recule devant aucune inconséquence et ne rougit d'aucune palinodie, prolonge cet état précaire, dominée qu'elle est par l'unique préoccupation de donner tout au moins à ce régime déconsidéré l'apparence de la stabilité. Il règne dans les sphères élevées du gouvernement une sorte de scepticisme désespéré que nous n'avons connu en aucun temps, et qui est comme l'aveu de l'impuissance. (Sensation.)

Et, spectacle intéressant à étudier, Messieurs, en même

temps, et de tous côtés, se dégage et s'accentue un sentiment impérieux qui se traduit sous mille formes, que les partis expriment avec les réserves et les réticences qui leur sont imposées, mais qui répond à la même préoccupation, — la nécessité de restaurer dans ce pays ce qu'on est convenu d'appeler l'esprit de gouvernement. — Qu'est-ce à dire et qu'entend-on par là ? Ne vous y trompez pas, Messieurs, c'est la formule enveloppée qu'emploient tous les autoritaires honteux, c'est l'aveu, précieux à recueillir, que ce qui manque à notre organisme politique tel que nos parlementaires de 1875 l'ont constitué, — c'est le Pouvoir. — Je n'hésite pas quant à moi, dussé-je déplaire à quelques amis ou gêner des polémiques récentes, je n'hésite pas à déclarer que dans l'ordre politique aucune liberté essentielle ne nous manque. — Croyez-moi, — ce n'est pas de ce côté qu'il faut porter l'effort, — et ceux-là se trompent lourdement qui croient à la possibilité d'attirer le suffrage universel vers ce libéralisme vague, mal défini, dont on invoque à tout propos les principes et qui ne répond à aucun besoin sérieux. Ah ! sans doute, je ne nie pas l'oppression, et comment le pourrais-je dans cette Charente où l'arbitraire administratif semble avoir perdu toute pudeur ? (Très bien ! très bien !) Mais il n'y a pas de loi qui puisse vous garder de l'arbitraire. Ce qui manque à ce pays, ce n'est pas la liberté légale, c'est la probité administrative, (Applaudissements) ce n'est pas l'esprit de gouvernement, c'est le gouvernement lui-même, c'est-à-dire un pouvoir exécutif assez fortement constitué pour protéger, contre l'instabilité parlementaire, les intérêts permanents de ce grand pays. (Très bien ! très bien.)

Eh bien, s'il est vrai que le problème soit ainsi posé — et je ne crains pas d'affirmer que sur ce point vous me donnerez raison, — (Oui, oui, très bien !) s'il est vrai que ce dont nous avons à nous préoccuper, avant toute chose, c'est d'organiser le pouvoir exécutif, dans le gouvernement de la démocratie, — plaçons-nous en face de cette démocratie et demandons-nous loyalement ce qu'elle est.

Il suffit de jeter un coup d'œil sur notre société politique pour reconnaître qu'elle est dominée par trois forces qui ont broyé successivement tous les éléments de résistance ; — la centralisation qui nous vient de l'ancien régime ; — l'égalité qui est vraiment la conquête de la Révolution ; — le suffrage universel que nous devons aux Napoléons.

Je ne crois pas qu'il y ait au monde un pays où l'État soit plus puissant, l'égalité plus brutale, le droit de suffrage aussi étendu.

Et j'ajoute que c'est là l'état définitif de la démocratie française. C'est l'erreur commune à tous les théoriciens de notre école parlementaire, de croire qu'on peut créer par les lois des éléments de pondération et d'équilibre. Les lois n'y peuvent rien, Messieurs, et quand elles veulent faire violence à nos mœurs publiques elles vont au rebours des résultats qu'on en attendait. J'en ai pour preuve cette fameuse loi de décentralisation dont le moindre avantage devait être de simplifier notre procédure administrative, et qui a eu pour effet de développer la bureaucratie, dans des proportions inconnues jusqu'à ce jour. — Non, on ne ressuscitera pas la province, on ne transformera pas en États au petit pied nos modestes conseils généraux ; non, on ne refera pas nos mœurs publiques, on ne suscitera pas des influences indépendantes, on n'allumera pas des foyers de vie provinciale à Tarbes, à Perpignan ou à Draguignan. — Nous l'avons cru, — à l'école de Nancy, — car j'ai appartenu à l'école de Nancy, — c'est là un détail ignoré que je livre volontiers aux historiens de mes variations politiques, pour les remercier de vouloir bien constater tous les jours le chemin que j'ai fait pour venir jusqu'à vous. (Hilarité générale.) Nous l'avons cru, nous l'avons tenté et nous avons piteusement échoué. Ah! Messieurs, c'est que nous aurions dû savoir qu'il est des pentes que les peuples ne remontent pas; nous aurions dû savoir que les sociétés ne reviennent jamais du simple au composé, et que lorsque le niveau a passé sur elles, que ce niveau s'appelle Louis XIV ou la Convention, ce qu'il a abattu, l'est pour toujours et à jamais. (Applaudissements.)

Voilà ce qu'il faut commencer par se dire quand on veut chercher la vérité — la vérité pratique — en dehors de tout système préconçu. Oui, Messieurs, c'est dans cette démocratie, impitoyablement nivelée, qu'il faut fonder un gouvernement. C'est sur ce sol uni sur lequel vous ne rencontrez aucun étai naturel qu'il faut élever le pouvoir et l'asseoir sur des fondements solides. (Très bien.)

Eh bien! je m'adresse tout d'abord aux royalistes. Je m'adresse à eux sans colère, sans passion, comme à de bons citoyens animés de l'amour désintéressé de leur pays. Je leur demande s'ils peuvent croire sérieusement à la possibilité de restaurer la royauté dans notre démocratie. J'écarte le témoignage de ceux qui ne désespèrent pas de transformer notre état social et de ressusciter ce qui a été irrévocablement détruit, — ceux-là sont des visionnaires. Je parle aux hommes de bons sens qui sont de leur temps, et qui l'acceptent tel qu'il est, et je leur dis:

Vous savez bien que ce pays ne consentira jamais à faire amende honorable ; vous voyez bien qu'il reste invinciblement attaché à la Révolution et à ses principes, et que de tous ces principes, celui qui a le plus profondément pénétré nos masses populaires, c'est le principe de la souveraineté nationale. Il n'y a pas un paysan perdu dans nos landes qui ne le comprenne de cette façon que le peuple est

maître de choisir le gouvernement qu'il préfère et de dési-
gner celui qu'il lui plaît de mettre à sa tête. Eh bien, quand
un pays a ainsi le sentiment de sa souveraineté, la notion
pratique de son droit, de ce droit qu'il a exercé plusieurs
fois dans ce siècle, je vous demande par quel miracle de
persuasion vous l'amènerez à confesser son incompétence
et à subir le choix que vous aurez fait pour lui. Ah ! de
grâce, dites-le-moi. (Applaudissements.)

La monarchie, comme on l'a écrit si justement, n'est
possible que là où elle sert de lien entre le passé et le pré-
sent, où le peuple respecte dans la dynastie le souvenir des
vicissitudes qu'ils ont traversées ensemble ; mais quand
la royauté est tombée avec un régime social dont on l'a
rendue solidaire et que l'on confond avec elle dans une commune aversion ; quand la royauté a été renversée par une
révolution qui a été faite au nom des principes absolus du
droit, de la raison et de la justice ; quand tous les éléments
de la monarchie ont été successivement éliminés ou
détruits, en vérité, il y a folie à croire encore à la possibilité de faire vivre la royauté dans un tel état social.
(Applaudissements.)

Ah ! je sais bien que pour les orléanistes la monarchie
n'est plus qu'un mécanisme constitutionnel plus ou moins
ingénieux, dans lequel le roi passe à l'état de rouage. On
le déclare inviolable ; irresponsable, on s'engage à n'y pas
toucher, quoi qu'il advienne, afin d'assurer la perpétuité
du pouvoir, et, sous cette garantie, on livre la chose publique à la compétition des partis et on espère réaliser ce
beau rêve du gouvernement du pays par le pays. Mais
comment persuaderez-vous au suffrage universel qu'il
doit s'incliner devant cette fiction qui le blesse ? C'est
là l'éternelle difficulté. Et si, par miracle, vous parveniez à
relever le trône, après des catastrophes que je ne veux pas

prévoir, que nous donneriez-vous ? Le régime parlementaire. Un régime en tout pareil à celui que nous avons, que nous expérimentons et que nous apprenons tous les jours à détester et à maudire. (Sensation.) Un Grévy couronné dont l'hérédité n'aurait pas la durée d'une présidence (Très bien, très bien.)

Ah ! Messieurs, on peut le reconnaître et le proclamer, le comte de Chambord, dont on a jugé si sévèrement l'entêtement, était simplement un logicien clairvoyant quand, refusant d'acheter la couronne par un compromis avec une Assemblée qui s'arrogeait le droit de lui imposer ses conditions, il préférait attendre patiemment que la France répudiât la Révolution. Le comte de Chambord restait dans la logique de son principe. Je le disais dans la Gironde, à Saint-André-de-Cubzac, entre le droit du roi et le droit du peuple, il faut choisir ; il n'y a pas place pour deux ; aucun accord, aucune transaction n'est possible, et,c'est là ce qui condamnera M. le comte de Paris, quand il sera investi de l'hérédité légitime, à représenter à la fois les deux régimes auxquels la démocratie répugne le plus, — la légitimité et le parlementarisme. (Très bien ! très bien !)

Non, Messieurs, les royalistes ne peuvent pas constituer le pouvoir dans la démocratie française ! (Applaudissements chaleureux et prolongés.)

Les républicains le peuvent-ils ?

Je n'hésite pas à reconnaître que les républicains le pourraient. Il n'y a rien dans la forme républicaine qui soit incompatible avec l'organisation d'un pouvoir exécutif fortement constitué.

Pourquoi les républicains ont-ils échoué ? Parce qu'ils n'ont été jusqu'ici qu'un parti d'assaillants, un état-major de rêveurs, de théoriciens et de sectaires, poussant par tous les moyens au renversement des gouvernements établis,

A partir de ce moment-là, il faut le reconnaître, et c'est là ce que n'ont jamais voulu comprendre quelques énergumènes dont toute la politique consiste à mettre le poing sur la hanche et à exposer, tous les matins, avec une expansion dont le gouvernement doit leur savoir gré, le programme d'un coup d'État (On rit) ; à partir de ce moment l'Appel au peuple n'était plus qu'une protestation et la plus vaine de toutes les protestations. Demander aux républicains, maîtres du pouvoir à l'Élysée comme au Parlement, de reconnaître leur usurpation et de consulter le pays sur la légalité du 4 Septembre, — en vérité, ce serait pousser la naïveté un peu loin. (Très bien ! très bien !)

Mais, Messieurs, si les républicains sont disposés à se moquer de nous quand nous réclamons l'Appel au peuple, sont-ils en état de nous opposer la même fin de non-recevoir quand nous demandons la revision ? Je ne le crois pas.

La revision a d'abord cet avantage d'être un terrain commun sur lequel peuvent se rencontrer tous les bons citoyens, tous les hommes sincères, tous les patriotes clairvoyants. (Très bien ! très bien !) Elle ouvre un débat dans lequel il est impossible que les principes démocratiques ne finissent pas par prévaloir.

La Constitution a été faite par une assemblée sans mandat; il serait superflu de l'établir, après tout ce qui a été dit sur cette question par les républicains eux-mêmes et par les plus autorisés d'entre eux. Mais les républicains qui, sur les conseils ou les injonctions de M. Gambetta, subirent les conditions des orléanistes, afin d'éviter un appel au pays, n'acceptèrent alors les lois constitutionnelles que comme un moyen de prendre le pouvoir, se promettant d'en user plus tard pour constituer la république sur des bases démocratiques. Les prévisions de leur grand tacticien se sont réalisées, les opportunistes ont pris le pouvoir — ils l'exercent depuis six ans. — Qu'ont-ils fait de leurs promesses? (Très bien ! très bien !)

Ce qu'ils ont fait de leurs promesses? Ils en ont fait ce qu'ils font tous les jours de leurs principes. On a publié dans ces derniers temps les discours de M. Gambetta, et le plus remarquable de tous, le discours prononcé le 5 avril 1870 sur les réformes du 2 janvier. Après avoir exposé ce qu'il appelle la politique tirée du suffrage universel, M. Gambetta s'adressant au gouvernement impérial lui disait : « Vous avez commis, à mon sens, cinq violations fon- » damentales contre le suffrage universel. » Et au nombre de ces cinq violations fondamentales j'en relève trois. — « Vous avez, disait M. Gambetta, vous avez établi deux » Chambres; — vous avez établi l'irresponsabilité du chef » de l'exécutif; vous avez ravi au pays le pouvoir consti- » tuant. »

Ainsi, Messieurs, voilà une Constitution dont l'irrégularité originelle n'est pas contestable et n'a pas été contestée, — cette Constitution bâclée en quelques jours par les royalistes contient, c'est M. Gambetta qui l'a jugée, « trois violations fondamentales » contre le suffrage universel et la souveraineté nationale; cette Constitution est acceptée à titre d'expédient, et les républicains qui s'y résignent déclarent céder à des exigences qui ont disparu depuis six ans; cette Constitution est mise à l'épreuve, et l'expérience qui en est faite, par les républicains eux-mêmes, ne laisse aucun doute sur les dangers qu'elle fait courir à la démocratie... Et vous voulez que le peuple ne brise pas ces résistances criminelles ! (Très bien ! très bien !)

Non, je ne croirai jamais, quelle que soit la force d'inertie que les opportunistes nous opposent avec la complicité de tous les intérêts qui se groupent autour du pouvoir, — je ne croirai jamais que les principes démocratiques ne finissent pas par avoir raison de cette obstination, de cet aveuglement, de cette forfaiture. (Applaudissements chaleureux.)

Quant à nous, Messieurs, nous serons loyaux jusqu'au bout. Nous n'hésiterons pas à reconnaître que l'Appel au peuple est un instrument de revision imparfait, alors que nous ne pouvons plus saisir le pays d'une question simple, précise, facile à résoudre par un mot, alors surtout que nous ne sommes plus en face d'un gouvernement provisoire à qui on pouvait demander et imposer le plébiscite; nous reconnaissons que les vices de notre organisme constitutionnel appellent une vaste enquête, et que la forme naturelle de cette enquête, c'est la Constituante, que sur la plupart des points, et notamment sur le pouvoir constituant, sur la composition du Sénat, sur l'irresponsabilité du chef de l'État, nous partageons les mêmes vues que les républicains, qu'un seul point nous sépare de la plupart d'entre eux, c'est l'organisation du pouvoir exécutif. — Et loyalement nous réclamons ce que les républicains ont toujours réclamé, alors qu'ils étaient sous la domination d'une Assemblée royaliste dont ils ont commis l'impardonnable faute de légaliser l'usurpation. (Très bien ! très bien !)

Qu'on nous dise s'il est un parti dont les principes soient plus nettement arrêtés et qui en poursuive l'application avec une loyauté plus scrupuleuse et un libéralisme plus sincère. (Applaudissements prolongés.)

Vous le comprenez, Messieurs, la conséquence immédiate de cette politique, c'est une rupture ouverte, déclarée, définitive de toute union avec les partis royalistes. — Des polémiques récentes m'obligent à m'expliquer sur ce point avec une entière franchise. (Attention.)

J'écarte d'un mot le reproche d'inconséquence. Vous avez défendu autrefois, nous dit-on, cette union conservatrice dont vous ne voulez plus aujourd'hui. Cette objection ne fait pas grand honneur à l'intelligence de ceux qui nous l'opposent. Nous avons soutenu l'union conservatrice avec le succès que vous savez d'ailleurs (On rit), alors qu'il s'agissait d'exécuter loyalement un engagement pris et de respecter une trêve acceptée et signée par nos chefs. Le but de cette trêve était précis ; nous avions promis de défendre pendant sept ans le dépositaire du pouvoir à la nomination duquel nous avions participé. (Très bien ! très bien !) Quelque séparés que nous fussions des royalistes, — et nous l'étions alors tout autant qu'aujourd'hui, — il y avait un point sur lequel nous nous entendions accidentellement avec eux, c'était le maintien du Maréchal. L'union conservatrice était simplement une alliance défensive pour maintenir un provisoire que, à tort ou à raison, nous avions constitué. Est-ce clair ? (Très bien ! — C'est cela.)

Aujourd'hui, il s'agit, au contraire, de poursuivre la réforme de nos institutions, il s'agit de constituer le définitif et de le constituer par l'exercice régulier de la souveraineté du peuple. (Très bien ! très bien !)

Eh bien ! je vous le demande ! est-ce que notre devoir le plus élémentaire n'est pas de rompre avec ceux qui ne reconnaissent pas au peuple ce droit que nous revendiquons pour lui ? (Très bien ! très bien !) En vérité, je n'insiste pas sur la différence des situations. Il est des contradicteurs que l'on dédaigne. (Applaudissements.)

Mais savez-vous quelle est la politique qu'on nous propose ? Savez-vous quel est le nouveau terrain sur lequel on nous demande de reconstituer cette union conservatrice qui a si mal fini ? C'est la haine de la république.

Renversons la république d'abord, nous dit-on, et nous verrons après.

Eh bien ! Messieurs, je n'hésite pas à le déclarer ici, cette politique est à la fois odieuse et enfantine. (Sensation.)

Elle est odieuse d'abord, — car je tiens pour de mauvais citoyens les hommes dont le renversement constitue tout le programme, qui ne veulent rien voir au delà et qui n'hésitent pas à sacrifier leur pays à leurs passions et à leurs haines. Ont-ils songé aux suites de cette coalition ? A notre tour de les interroger. Mais, leur dirai-je, si le suffrage universel dans un jour d'égarement pouvait vous donner raison, voyez donc l'alternative qui se pose devant vous : — ou le triomphe sera le signal de la guerre entre les coalisés victorieux, ou vous vous entendrez pour partager le fruit de la victoire. — Et dans ce cas vous êtes fatalement amenés à consentir une nouvelle transaction dans un nouveau provisoire. — Transaction ! Provisoire ! Ah ! de grâce, finissons-en. — Eh bien, une politique est jugée quand elle nous place entre la guerre civile et la restauration du Septennat. Nous ne voulons ni de l'une ni de l'autre. (Applaudissements chaleureux.)

Rassurez-vous, Messieurs, cette politique n'offre aucun péril, et ceux qui l'ont inventée pour renverser la république n'ont jamais travaillé plus utilement à son affermissement. Je ne connais pas, en effet, de politique plus impopulaire et plus discréditée. Essayez donc d'aborder notre paysan si sage, si prudent, si avisé ; et quand il se plaint de l'incertitude de l'avenir, de la prodigalité de nos gouvernants, de l'augmentation de l'impôt, de ces expéditions lointaines qui l'exposent chaque jour à donner ses enfants pour des aventures où la grandeur de la France n'est pour rien ; quand il commence à comprendre enfin qu'en lui enlevant l'élection du chef de l'exécutif, on lui a pris le droit le plus essentiel, le seul peut-être dont il puisse faire un usage pratique, abordez ce paysan et dites-lui : Mon ami, j'ai trouvé le bon moyen, c'est de vous assurer à bref délai une belle catastrophe ; il en arrivera ce qui pourra, mais vous ne pourrez vous tirer de là qu'en jouant l'avenir du pays à pile ou face. Tenez-lui ce langage et vous verrez l'accueil qu'il vous fera. (Très-bien !) Il faut rendre cette justice aux royalistes, à ceux du moins qui ne rougissent pas du roi, qu'ils ne veulent pas plus de cette politique que nous-mêmes. Il faut laisser ces combinaisons niaises à leurs véritables inventeurs, à ces conservateurs sans couleur et sans courage, à ces incorrigibles négociateurs de compromis, qui nous ont donné la république parlementaire, et dont les bonapartistes ont toujours été les dupes, à ces comités du drapeau gris où se rencontrent des journalistes sans public et des sous-préfets sans arrondissements. (Applaudissements chaleureux.)

Croyez-moi, Messieurs, il est temps et grand temps d'en finir avec ces coalitions dont nous avons fait la cruelle expérience, et ce n'est pas le moindre avantage de la revision que d'obliger les partis à combattre sous leur drapeau et à préciser devant le suffrage universel la solution qu'ils lui offrent et les moyens réguliers d'en assurer l'application.

On nous dit : l'isolement, c'est la défaite. Eh bien ! soit, je veux mettre tout au pire. Il se peut, — ce dont je doute d'ailleurs, — que sur certains points la politique de principes, appelons-la de son vrai nom, la politique constituante, compromette le succès de quelques-uns de nos amis. Mais, en vérité, pense-t-on que l'état actuel soit bon à continuer ? s'estime-t-on satisfait de la situation dans laquelle languit le parti bonapartiste dans les Chambres, où il est réduit à n'être plus qu'un appoint de droite ? Croit-on à

'efficacité de cette petite fronde parlementaire qui laisse le
ays absolument indifférent? (Très bien!)

Je touche, je le sais, à une question délicate; mais je vous
i demandé de me laisser une entière liberté de langage, et
e veux en user. (Oui, oui. Parlez!)

Eh bien, Messieurs, — l'heure est solennelle, — il faut
ue le parti bonapartiste choisisse entre la politique en
hambre et la politique en plein air; (Très bien! très bien!)
ntre la politique parlementaire et la politique plébisci-
aire. (Très bien! très bien!) Il faut qu'il se demande s'il
'achète pas trop cher la présence de quelques amis dans
es rangs d'une opposition impuissante par un effacement
ui est la condition même de l'opinion conservatrice et qui
e conduit fatalement à l'abdication. (Applaudissements.)

Que les royalistes se condamnent au rôle ingrat d'une
pposition parlementaire, je le comprends. C'est la consé-
uence même de leur doctrine, parce qu'ils n'ont à présen-
er au pays aucune procédure régulière, aucun moyen
égal pour ramener la monarchie; mais que nous allions,
ous, plébiscitaires, nous compromettre à leur suite, nous
ui ne demandons à la république que de respecter son
rincipe et de restituer au peuple le pouvoir constituant
u'elle lui a pris, — en vérité, voilà ce dont je reste con-
ondu. (Applaudissements.)

Messieurs, je voudrais résumer ma pensée par un mot:
Nous ne sommes pas une opposition, — nous sommes une
olution. (Applaudissements.) La solution nécessaire à laquelle le suffrage universel reviendra, à laquelle l'expé-
ience qui se poursuit le ramènera, à cette condition
cependant, c'est que la solution lui soit présentée avec franchise et avec netteté. Quand donc comprendrons-nous que
e suffrage universel, qui est le plus conservateur de tous
es suffrages, est à la fois pratique et méfiant? Il ne veut

pas se prêter au jeu des partis d'opposition, dont il ne comprend pas la stratégie et dont il dédaigne les petites manœuvres. Il est simple et droit et il éprouve un insurmontable éloignement pour cette politique négative que lui offrent avec l'obstination de l'impuissance ceux qu'on est convenu d'appeler les conservateurs. (Très bien ! très bien !) Ne vous étonnez pas que les résultats électoraux répondent si mal à l'état réel de l'opinion : ce qui vient de se produire dans les élections départementales m'a donné pleinement raison. Ce n'est pas la faute du suffrage universel, Messieurs, c'est notre faute à nous qui passons notre temps à déserter dans la pratique les principes que nous défendons quand nous faisons de la théorie.

Car enfin, je vous le demande, notre devoir n'est-il pas d'aller à la recherche des masses bonapartistes ? Eh bien, comment se fait-il que nous tournions toujours le dos au chemin qu'elles ont pris ? (Applaudissements.)

Où sont allées ces masses plébiscitaires ? — à la république. Et pourquoi ? Ah ! c'est bien simple ; parce que les Napoléons n'étaient plus là, parce que la république leur promettait un gouvernement sage, pacifique, ménager des deniers publics, parce que la république était un gouvernement tout fait qui leur permettait, comme on l'a dit, d'économiser une révolution, parce qu'enfin la république les rassurait contre les entreprises royalistes dont l'Assemblée nationale les menaçait tous les jours. Ce sont les bleus qui restaient bleus. (Applaudissements.) Il serait temps de s'en souvenir et de chercher nos amis dans les directions qu'ils ont prises. (Très bien ! très bien !)

Je sais bien ce qu'on va me dire. Mais ce parti républicain dont vous attendez la conversion, n'est-il pas l'ennemi le plus acharné de notre cause ?

Messieurs, entendons-nous, je n'ai pas parlé du parti

républicain, dont je m'inquiète peu, par cette simple raison que je ne crois pas à la force des partis dans la démocratie. (Sensation.) C'est une erreur, selon moi, de croire que le suffrage universel entre dans les cadres des partis politiques et se répartit entre eux. Les partis sont toujours une élite, un état-major dont la force grandit ou décline selon les événements. En dehors des partis et au delà, savez-vous ce qu'il y a ? Eh bien, messieurs, il y a tout le monde (Sensation.)

Les masses qui sont allées à la république en 1871 ne sont pas entrées pour cela dans le parti républicain, — elles ont simplement pris à l'essai le gouvernement qu'on leur offrait : mais, gardez-vous d'en douter, elles nous reviendront lorsqu'elles auront le sentiment précis des dangers dont le régime actuel les menace. Il est un parti cependant vers lequel elles n'iront jamais, — c'est le parti royaliste. Singulière politique, en vérité, que celle qui consiste à nous montrer toujours en compagnie de ce parti-là ! (Applaudissements.)

Ce qui nous sépare des royalistes, messieurs, c'est un abîme, car c'est un ensemble de principes qui ont constitué un monde nouveau. Ce qui nous sépare du parti républicain, Messieurs, ce n'est pas une doctrine, ce n'est pas un principe, — c'est une question d'application. Mais, il faut bien le dire, c'est surtout le souvenir irrité de deux événements considérables : — Le coup d'État que les républicains nous reprochent ; — Le 4 septembre que nous leur reprochons. (Sensation.)

Eh bien, Messieurs, croyez-vous que le 4 septembre ait été médité, machiné, accompli par les républicains ? — Non, mille fois non ; le 4 septembre est l'acte criminel de quelques meneurs parlementaires qui ont profité de la défaite pour ouvrir à des émeutiers complaisants les portes

du Palais-Bourbon, et pour mettre la main sur le pouvoir.
(Très bien ! très bien !) Ce sont les Floquet, les Brisson,
les Ferry, les Picard, les Jules Favre, ce sont ces hommes
qui sont parvenus depuis lors, grâce à nos fautes et grâce
aussi aux tortueuses souplesses de la politique de M. Gambetta, à constituer peu à peu une classe gouvernante qui
pèse plus lourdement sur la démocratie que les censitaires
et qui ne veut pas plus de la revision que M. Guizot ne
voulait de la réforme. (Applaudissements.)

Quant au coup d'État du 2 décembre, je n'ai pas à le
juger ici, épargnez cette épreuve à un converti (Rires et
applaudissements) ; mais, Messieurs, je veux rappeler, —
ce qu'on oublie trop souvent, — les circonstances qui l'ont
provoqué. La Constitution de 1848, vous vous en souvenez,
était revisable ; mais les constituants qui se méfiaient du
pays, de ce pays qu'ils n'avaient pas consulté, avaient en-
touré la revision de difficultés presque insurmontables. Ils
avaient exigé qu'elle fût demandée par une majorité légis-
lative des trois quarts des suffrages. Je me souviens que
le pays, pris d'épouvante, réclamait la revision, afin d'assurer la réélection du président de la république ; je me
souviens que sur 724 députés qui avaient pris part au
vote, 446 avaient voté la revision ; je me souviens que
quatre-vingt-deux conseils généraux s'étaient prononcés
dans ce sens, appuyés par douze cent mille pétitionnaires,
et que c'était là un spectacle irritant que de voir la souveraineté de ce grand pays enchaînée par un texte et tenue
en échec par 92 députés ; je me souviens que le lendemain du jour où le Président eut brisé la chaîne et ren-
versé l'obstacle, sept millions de citoyens le remercièrent
de les avoir délivrés. (Triple salve d'applaudissements.)
Encore une fois, je ne juge pas le coup d'État, mais je dis
qu'il y a là un fait dont il faut étudier les origines, appré-

cier les résultats, sur lesquels il est permis de se contre-
dire, mais qu'il est impossible d'assimiler, comme on l'a fait,
à un vulgaire guet-apens. (Applaudissements prolongés.)

Ah ! Messieurs, de grâce, laissons là ces souvenirs irri-
tants, rompons une fois pour toutes avec cette politique
d'injures, de récriminations et de représailles. Ce pays, ce
cher et grand pays est assez malheureux pour que nous lui
fassions ce sacrifice. Ne retenons du passé qu'un ensei-
gnement : la nécessité d'assurer à la France le libre
exercice de sa souveraineté.

C'est à cette condition seulement que nous donnerons à
notre démocratie des institutions durables. Il faut, pour
que les partis désarment, et pour que cette activité qui se
dépense en de vaines agitations tourne au bien général du
pays, qu'aucun doute ne plane désormais sur la légitimité
du gouvernement que le pays entend se donner. La Constitution de 1875 ne peut pas nous assurer cette paix. Elle
est sortie d'une usurpation et d'une transaction, — et
l'expérience que nous en faisons depuis huit ans démontre
jusqu'à l'évidence qu'elle ne répond à aucun des besoins
de notre démocratie. (Très bien ! très bien !)

C'est donc au pays qu'il faut s'adresser, c'est au peuple
qu'il faut revenir.

Nous irons devant lui avec confiance, nous lui dirons
sincèrement comment nous comprenons l'autorité, comment nous comprenons la liberté, comment nous enten-
dons régler le jeu des pouvoirs publics.

S'il nous donne raison, la Constitution qui sera rédigée
selon ses vues, sera soumise à sa ratification ; mais, quoi
qu'il décide, il est notre maître à tous et sa décision fait
loi. Nous prenons l'engagement de nous incliner devant
elle. Voilà, Messieurs, toute notre politique, elle est nette,
elle est pratique, elle est loyale.

Les Napoléons n'en ont jamais eu d'autre, et je ne crains pas de m'avancer en disant qu'elle a l'approbation de Celui qui porte ce grand nom et qui en accepte tous les devoirs. (Longs et bruyants applaudissements.)

Tours. — Imp. Mazereau.

9 782011 766366